Meu Gato, Minha Oração

HERBERT BROKERING

Meu Gato, Minha Oração

Editora
IDEIAS & LETRAS

Direção Editorial:
Marlos Aurélio

Conselho Editorial:
Avelino Grassi
Fábio E. R. Silva
Mauro Vilela
Márcio Fabri dos Anjos

Tradução:
Américo Dal Bello Filho

Revisão da Tradução e Copidesque:
Ana Rosa Barbosa

Revisão:
Thiago Figueiredo Tacconi

Diagramação e Capa:
Marcos Roberto Nicoli Jundurian

Fotos:
Simone Godoy

Título original: *Cat Psalms: Players my Cats Have Taught me.*
Augsburg Fortress, Publishers, P.O Box 1209, Mineapolis.
ISBN: 978-08066-4498-1

1ª impressão
Todos os direitos em língua portuguesa, para o Brasil, reservados à Editora Ideias & Letras, 2015.

EDITORA
IDEIAS & LETRAS

Rua Tanabi, 56 – Água Branca
Cep: 05002-010 – São Paulo/SP
(11) 3675-1319 (11) 3862-4831
Televendas: 0800 777 6004
vendas@ideiaseletras.com.br
www.ideiaseletras.com.br

Dados Internacionais de Catalogação na Publicação (CIP)
(Câmara Brasileira do Livro, SP, Brasil)

Meu gato, minha oração / Herbert Brokering
(Tradução: Américo Dal Bello Filho). São Paulo-SP: Ideias & Letras, 2015.
Título original: *Cat Psalms: Players my Cats Have Taught me.*

ISBN 978-85-65893-97-8

1. Animais de estimação 2. Gatos
3. Orações I. Título.

15-07374   CDD-242

Índice para catálogo sistemático:

1. Orações: Cristianismo   242

Dedicado aos gatos
que me ensinaram a orar:

Peveley
Gatinho preto
Tinkie
Petsy
Tiger
Tiger II
Pequenino
Machant
Dudley
Buffey
Alex
Tetra

Sumário

Introdução: Os gatos me ajudam a orar	9
Eu sou elegante	12
Ouça meu ronronado	14
Tenho muitos humores	16
Uma vida não basta	18
Quero aconchego	20
Estou no seu caminho?	22
Eu escolho o que quero	24
A noite é minha amiga	26
Lembre-se das minhas necessidades	28
Eu olho fixamente sem piscar	30
Aproxime-se das minhas coisas com cuidado	32
Surpresas são sempre bem-vindas	34

Não gosto de mudanças	36
Deixe-me sozinho	38
Não ria de mim	40
Esperarei pelo que quero	42
A curiosidade não me matará	44
Seu amor é bem-vindo	46
O mundo está repleto de cheiros	48
Deixe-me entrar, deixe-me sair	50
Eu acordo em um instante	52
Sou feroz, sou medroso	54
Deixe-me dormir, deixe-me dormir	56
Eu escolho meu próprio espaço	58
Obrigado e por favor	60
O silêncio me rodeia	62

Introdução:
Os gatos me ajudam a orar

Eu aprendo por metáforas: olho para uma coisa e compreendo outra coisa em mim. Eu sou como um lírio do campo, um semeador que saiu para semear, um vento na árvore, um pão partido, uma semente de mostarda.

Na maioria das vezes sou como o gato. Nos gatos eu vejo imagens de mim mesmo, da minha alma. Eu vejo um gato em paz, e sinto paz. Eu vejo um gato saltando cheio de graça, e meu espírito pula. *Meu gato, minha oração* trata de gatos e da alma. Encontramos sentido na natureza e na alma.

Os gatos têm feito parte de minha vida desde sempre. Não me lembro de não ter um gato nos meus mais de setenta anos.

Eu conheci gatos de fazenda, gatos de vielas, gatos domésticos. A maior parte do tempo eu cresci conhecendo gatos de celeiros cujos gatinhos corriam e se escondiam caso um estranho chegasse perto. Mas eles nos conheciam. Eles tomavam o leite que nós trazíamos para eles, permitiam que nós os tocássemos e os treinássemos. Eu estava aprendendo sobre minha alma.

No nosso sítio em Nebraska nós entrávamos em casa quando o sol se punha. Nossos gatos saíam pela escuridão sem medo. Eu me perguntava o que eles conheciam da noite que eu nunca entenderia. Meu espírito também queria vagar na escuridão.

Eu me casei com uma fã de gatos. Em nossa longa viagem de lua de mel até Virgínia Ocidental, Lois e eu ganhamos um gatinho num posto de gasolina em Nebraska – nosso primeiro gato. Enquanto crescia, o gato se tornou um companheiro para nossos filhos – o primeiro dos muitos gatos da família Brokering. Os gatos que viveram e morreram em nossa casa eram amigos e membros da família.

Nossos quatro filhos fizeram roupas para os gatos, construíram casinhas, deram brinquedos, ensinaram brincadeiras, abraçavam os gatos na cama nas noites de inverno. Os gatos contavam coisas sobre eles e sobre nós mesmos.

Hoje nossos filhos não moram mais conosco. Agora Lois e eu temos Alex e Tetra. Um gatinho é bem branco, o outro bem preto.

Tetra espia por entre seus longos pelos negros com seus redondos olhos amarelos como se tivesse visitado todos os lugares do universo. Ele parece sabido, às vezes distante, às vezes emburrado. De manhã

Tetra espera que a porta do porão abra. Lois abre a porta para ele. Tetra pensa que Lois é Deus.

Alex é como uma estátua branca egípcia esperando seu lanche e ronronando. Ele olha para nós e começa a ronronar. Ele é repreendido e logo começa a ronronar. Alex é uma máquina de ronronar.

Tetra e Alex nos acompanham ansiosamente quando fazemos as malas para uma viagem. Eles sentem nossa falta quando saímos e ficam felizes quando voltamos. Com Tetra e Alex nós aprendemos sobre o que é curiosidade, afeição, raiva, amor, medo, alegria e classe. Eles me mostram meu estado de ânimo, meus humores; eles mostram como sou com meu mestre.

Meu gato, minha oração é um livro sobre o que aprendi dos gatos que conheci. Nestas páginas estão orações do meu espírito, da minha alma. Cada oração expressa uma observação sobre a natureza do gato (na voz de um gato), seguida por uma oração, na qual o gato em meu espírito fala para Deus.

Meus gatos me ensinaram a rezar com mais fervor, imaginação e compreensão. Este livro é para todos que procuram se aprofundar em suas próprias vidas de oração, imaginando através da natureza. Que essas orações possam lhes dar uma forma revigorada de se ver e novas maneiras de rezar.

Herbert Brokering

Eu sou elegante

Eu sou uma princesa. Eu sou um príncipe.

Observe como mantenho minha cabeça erguida enquanto ando, como se usasse um cachecol de veludo, um colar de ouro, um bracelete de safira, uma coroa. Eles não têm como dizer que sou velho. Eu os ouvi tentando adivinhar minha idade. Por hora não sofro. Então, preparo o salto e pulo. E eles pensam que sou jovem. Quando desviam o olhar, entro na minha cestinha devagar, me enrolo e me acomodo. Respiro minha velhice e sinto que bons anos se aproximam como um cobertor quente. Sou velho. Estou cansado. Mas quando ergo a cabeça, quando desfilo com graça, pensam que sou jovem.

> **Deus,**
>
> O Senhor veste minha alma com trajes elegantes. Suas promessas são tão leves quanto seda e joias preciosas. Eu caminho de cabeça erguida para todos verem. Eu sou jovem, embora seja velho; pois suas bênçãos vestem-me com elegância. Eles me verão, ainda que por um segundo, como elegante. Eu mostrarei a dádiva da minha face real, eles saberão quem está tranquilo, encolhido, respirando normalmente, aconchegado num espírito real, a vossa semelhança.

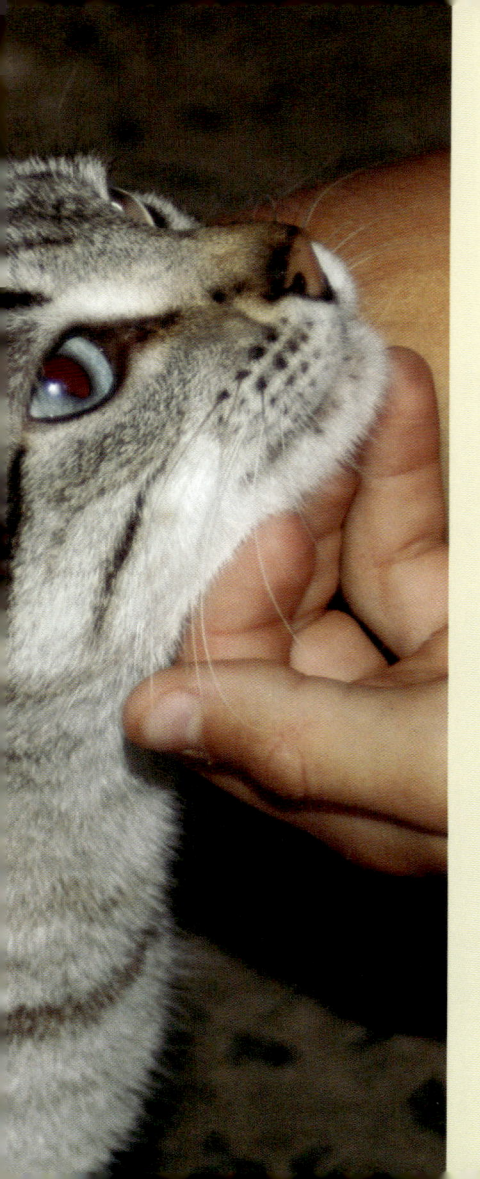

Ouça meu ronronado*

Eu ronrono. Às vezes eles não ouvem. Às vezes param de falar, olham na minha direção, sorriem. Eles estão certos de que me fizeram ronronar. Talvez tenham feito. Eu nem sempre sei dizer onde e por que meu ronronado começa. É um som que vem quando estou dentro de casa – aquecido e satisfeito, não preciso ir a nenhum outro lugar. Isso vem quando eles me acariciam e fazem cócegas no meu queixo. Não é fácil ronronar

---

* O ronronar dos gatos também chamado de ronrom, ou ainda, ronrono, é um ruído contínuo emitido pelos felinos relacionado à sua forma de comunicação.

quando alguém corre atrás de mim ou se eu estou perdido, com frio ou molhado. Eu ronrono mais quando alguém que eu conheço bem e confio está comigo.

Deus,

O Senhor deu à minha alma um som próprio, um idioma que não tem no dicionário. Sua melodia não pode ser forçada ou comandada. Minha alma cantará quando for preciso, quando o coração decidir. Minha alma respira canções e hinos sem palavras. Todos os meus bons pensamentos têm um só som; eles se repetem como o refrão de um hino, um mantra. O som sereno de minha alma eu sei de cor. Ele para. Eu olho e escuto para encontrá-lo de novo. Ele recomeça de onde parou. Meu espírito ronrona num piscar de olhos. O som do meu espírito é uma canção de ninar. Uma pintura em pastel, um macio cobertor de algodão. O ronronar da minha alma ecoa respiração, vida, espírito. Deus, é assim quando deixo que o Senhor toque minha alma.

Tenho muitos humores

Eu sou um gato. Eu tenho muitos humores. Eu mostro todos os sentimentos, todas as emoções. Meus humores mudam a cada momento. Às vezes eu não sou fácil de amar, eu não deixarei que me segure. Quando chamam, eu não escuto, eu não viro minha cabeça para eles. Às vezes eu fecho os olhos e não percebo. Às vezes eu assobio e estalo. Quando eu quero, vou até aqueles que conheço para sentir seu carinho. Então, eu mostro minha forte emoção, meu amor: e abraço aquele que me abraça. Nós não nos soltamos até que eu decida. Eu voltarei para ficar aos pés daqueles em quem eu confio. De novo vou envolvê-los e ser envolvido.

> **Deus,**
>
> Minha alma é um pêndulo, balançando das trevas para a luz, do crepúsculo para a aurora. Eu vou para todas as direções. Eu entro e saio. Eu não ficarei sempre preso. Eu deixo aquele que mais me ama. Eu ouço e não respondo; eu quero e não mostro que quero. Sou beijado e eu não devolvo o beijo. Eu não encontro paz em minhas solitárias andanças noturnas. Minha alma perambula, se mantém escondida. Às vezes eu amo e não consigo desistir. Mostre-me meu centro. Deixe-me descansar no seu colo, acaricie minha alma. Um pêndulo balança do centro da minha alma. Querido Deus, o Senhor é o centro.

Uma vida não basta

Eu tenho sete vidas. Alguma já pode estar gasta, mas não faço conta, eu vivo como se todas as sete fossem ainda minhas. Eu vou durar mais que meus veterinários e os cães do vizinho. Eu podia viver sem as injeções, espetadas e os remédios, cutucões dos veterinários. Mas às vezes não tem jeito. E eu tento. Às vezes eu não engulo o comprimido que eles põem na minha boca, mas o gosto está lá – um gosto amargo. Eles dizem que eu quase fui atropelado. Pode ser verdade, mas eu não me lembro dessas coisas.

Mesmo assim eu tenho mais seis vidas. Eu arriscarei mais. Os humanos dizem: "você vive apenas uma vez". Eu vou sobreviver sete vezes. Talvez mais.

Deus,

O Senhor deu à minha alma uma vida longa. Minha alma veio antes de eu me tornar o "eu" que conheço. Isso não será interrompido quando o "eu" morrer. Eu fui salvo de dia e de noite. Eu vivo somente cada dia, e de repente anos se passaram. Eu olho para meus anos, e vejo as décadas que passam. Eu anseio por mais dias e noites, e o Senhor me permite envelhecer. Meus aniversários chegam cada vez mais rapidamente. Meu tempo se encurta mais conforme vou envelhecendo. Uma vida longa está cheia das suas maravilhas. Eu viverei mais do que sete vidas. Eu serei salvo mais do que sete vezes setenta. Minha alma viverá para sempre com o Senhor. Querido Deus, não há fim para sua vida em mim.

Quero aconchego

Eu preciso me aconchegar. Eu peço isso. Eu empurro e dou patada. Eu cabeceio neles. Isso é quem eu sou. Eu os toco, eles me tocam. Eles me acariciam, e eu os acarício. Eles me deixam feliz. Eu os abençoo. Eu ronrono e eles sentem o ronronar neles mesmos. O aconchego está em meus olhos. Eu estou aos seus pés. Eu salto para perto deles. Perto, perto. Eu faço isso de propósito enquanto eles passam. Eu salto para seu colo. Sem me preocupar se caio, sem me preocupar se suas belas roupas ficam brancas ou pretas por causa do meu pelo. O aconchego não tem a ver com ser cuidadoso. Eu os honro com meu aconchego.

Eu os agrado ficando perto. Eu me animo quando me abraçam. Mas não muito forte.

Deus,

Minha alma tem sensibilidade afetiva. Ela tem necessidade de ser abraçada e acariciada. Minha alma não será alma se for deixada só e tratada com indiferença. Ela deve tocar e ser tocada. Ela deve ser mantida bem perto de você. Minha alma sabe como é ser bem abraçada – não muito forte, só o suficiente. Minha alma espera por você, por sua vida. Nós seguimos unidos. Minha alma espera abraçar outras. Eu me aconchego. Intimidade pode ter muitas formas e distâncias. Ela não se preocupa com limites e precauções. Deus, minha alma precisa estar perto, precisa se aconchegar, precisa tocar você e outros para viver. Mesmo distante, eu preciso estar seguro. Eu quero sentir sua vida. Perto. Perto.

Estou no seu caminho?

Eu me deito no meio do caminho. Eles andam ao meu redor. Eu durmo, e eles têm o cuidado de não pisar em mim. Eles não me machucam quando estou mais vulnerável. Eu me esparramo onde eles passam. Eu sou membro da família. Eu mostro quando estou ali e fico no caminho deles: eu durmo onde eles andam, eu deito onde eles sentam. Eu me acomodo sob seus pés; e eles evitam me ferir. Eu me deito no caminho para que eles percebam que estou ali, para que tenham cuidado comigo. Eles sabem que eu confio neles. Então eles passam e desviam.

Deus,

Minha alma fica no caminho daqueles em quem eu confio. Eles sabem que eu estou aqui; eles passam por mim, ao meu redor – não em cima de mim. Minha alma está em paz num intenso trânsito de amigos. Eu não fico no caminho daqueles que podem me ferir. Eu busco lugares onde minha alma possa descansar sem se machucar. Meus amigos sabem que estou aqui. Eles conhecem minha necessidade de descanso; sabem que preciso estar entre eles, mas, em paz. Eles me protegem. Minha alma encontra repouso ao ar livre, na presença daqueles que me amam. Posso fechar os olhos onde não serei maltratado. Querido Deus, note-me. Eu me prostro diante de vós, no seu caminho. Querido Deus, eu estou aqui.

Eu escolho o que quero

Eu sei do que eu gosto. Se a comida não está boa, não vou comer. Quando eles mudam a marca, eu percebo. Se eu gostar, eu como, senão ela fica na tigela. Meu paladar é exigente. Quando decido, sou cabeça-dura. Eu sou um gato, eu escolho. Eles não podem me dizer onde passar, sentar ou brincar. Eu escolho. Não posso ser pressionado, empurrado, convencido ou ameaçado. Quando eu decidir, eles saberão. Às vezes eles esperam e esperam para ver minha decisão. Eu nunca serei conduzido por uma coleira. Podem me perseguir, mas eu decidirei para onde correr, o quanto subir, por quanto tempo manter distância e quando voltar.

Deus,

Sou cheio de vontades. Escolho do que gosto ou não gosto. Minha vontade é grande, teimosa. Eu quero decidir onde ficar, brincar e o que fazer. Eu quero escolher meus amigos e inimigos – onde ir ou não. Ameaçar e adular só me deixarão mais teimoso, mais convencido de que meu jeito está certo – mesmo quando vira um desastre. Na minha alma uma voz diz, escute: o espírito dentro de você procura conduzi-lo à minha vontade. Minha alma manifesta sua presença, sua palavra. Minha alma é viva, ela se desenvolve, se desdobra dentro de mim. Eu não posso ignorar isso. Querido Deus, o Senhor criou minha alma para ser eu mesmo. Obrigado!

A noite é minha amiga

Eu vejo na escuridão. Meus olhos se abrem e deixam a luz entrar. Nada é escuro demais para mim. Eu saio quando o sol se põe. Eu durmo durante o dia. Eu fico à espreita na escuridão. Eu não me canso no escuro. Meus olhos são como a lua, e não há nuvem que oculte minha visão. É à noite quando mais me sinto um gato. Eles não me seguem noite afora. Eles ficam para trás imaginando onde vou, o que vejo, o que faço. Eles dormem. Estou vivo na noite. Eu enxergo no escuro.

Deus,

Minha alma perambula na noite. Na escuridão eu vejo o que não posso ver à luz do dia. Minha alma penetra a escuridão, a noite não pode ofuscar sua visão. Quando meu dia está coberto pelas trevas, pela dor, pelo sofrimento, pelo desespero, os olhos da minha alma se abrem e deixam entrar a luz. Eu vejo através das nuvens, eu encontro as estrelas e a lua. Eu passeio pelas sombras encontradas somente à noite. Minha alma vê com olhos feitos para a escuridão. Deus, o Senhor me deu uma alma de olhos noturnos. Minha alma pode ver uma luz distante. Olhando para dentro de mim eu vejo além de você. Minha alma brinca nas sombras das suas asas. Deus, minha alma vê luz, no outro lado da escuridão.

Lembre-se das minhas necessidades

Eu dependo deles. Eles pensam que eu mando na casa. Eu pulo onde não devia. Eles procuram as marcas de patas sobre a mesa, de pelo no sofá. Eles acham que eu posso tudo. Eles não entendem. Eu necessito da ajuda deles – embora eu não goste de admitir. Eu não consigo virar a maçaneta para entrar e sair à vontade. Eu não consigo abrir latas de comida de gato ou despejar o leite da caixa. As portas estão fechadas. A geladeira também. A comida está lacrada em latas e sacos. Não há nenhuma comida viva para capturar, a gaiola está trancada. A tampa da privada está abaixada e eu tenho sede.

Tenho que me rebaixar para pedir. Eles me consideram independente, mas eu dependo deles. Se eles forem embora ou me esquecerem eu posso morrer. Minha vida depende deles.

Querido Deus,

Eu dependo do Senhor. Eu não posso obter tudo o que necessito. Eu não posso juntar as nuvens para chover, oferecer o sol da manhã ou a lua da noite. Eu não posso induzir o fim do dia ou formar as montanhas. Eu não posso estabelecer a ordem das estações. A chave para minha vida está escondida de mim. A porta do futuro está fechada. Minha alma deve pedir. Eu nasci pedindo – por comida, conforto, segurança, para viver. Eu nasci precisando de amor e proteção, alegria e família. Eu não consigo encontrar tudo o que necessito ou manter tudo. Minha alma estende a mão, pega, lambe a tigela toda, espera por mais. Eu dependo do Senhor, Deus. Minha alma busca sua orientação, Senhor – e uma porta se abre, a comida chega, a água brota e o pão se parte. Eis a ajuda. Então, eu peço.

Eu olho fixamente sem piscar

Eu olho fixo.

Eu não consigo ouvir minha respiração. Eu sou uma estátua viva – simplesmente olhando diretamente e através. Eles não podem ver o que eu vejo, se eu respiro. Meus olhos permanecem abertos enquanto olho fixamente. Eu não pisco, eu não me viro. Eu olho diretamente para frente. O que eu vejo não me vê. Eu quero algo, eu consigo. A janela me separa disso, de ter isso. Eu meço o que eu vejo com meus olhos. Eu sou um gato; eu fixo o olhar e não pisco. Eu conheço o que eu vejo. Eles me observam, só eu sei.

Deus,

Minha alma olha fixamente. Minha alma vê sem se mover, sem piscar, apenas vigiando, esperando, querendo. Eu aceito o que eu vejo nesse silêncio – a cidade, a montanha, a planície, o amigo, o pôr do sol, o cair da noite. É meu. É seu. E tem ainda mais. Às vezes o olho de minha alma fica fixo dentro de mim, para o que existia; ou para o distante, para o que possa vir. Minha alma vê o que eu sinto, quero, conheço. Eu desfruto de tudo isso com meu olhar fixo: minha montanha, minha planície, meu medo, meu amor, minha história, meu milagre. Tudo vem do Senhor, Deus. Quando minha alma tem esse olhar eu fico impressionado.

Aproxime-se das minhas coisas com cuidado

Aproxime-se das minhas coisas com cuidado. Eu vou agarrar, lutar, morder para defender meus direitos de gato. Eu vou me proteger e manter minhas coisas a salvo – de mim mesmo. Eu vou atacar, caçar, perseguir, arranhar. Eu emitirei sons de raiva, poder e ameaça. Eu gritarei. Eu marquei meu território, isso é meu. Aqueles que chegam para me ver precisam de permissão. Esse é meu lugar, meu canto, minha cesta, minha tigela, meu quintal. Minhas costas vão arquear, meu pelo vai arrepiar e vou dar meu grito de advertência. Eu vou defender aquilo que é exclusivamente meu.

Deus,

Minha alma lutará, defenderá, protegerá o que é meu. Minha alma ama a vida que o Senhor me deu. Eu quero meu espaço, meu tempo sozinho com o Senhor, meu santo lugar, meu próprio espaço. Eu não serei afugentado, abandonado, perdido. Não deixarei que nada tire minha fé, meu amor, minha honra, meu lar. Minha alma vai se arriscar, arranhar, esbravejar, caçar – e vencer. Eu não serei derrotado porque o Senhor é forte dentro de mim. Podem me machucar e ferir. Podem me fazer sangrar e sofrer, posso ficar cansado e fraco. Mas eu não perderei o que é meu, Deus. Quero sua vida em mim.

Surpresas são sempre bem-vindas

Eu adoro presentes, presentes de gato. Erva-de-gato fresca será um bom começo. Ou uma pequena bola que role rápido, ou um brinquedo que eles chamam de *mouse*. Restos de peru também são bons. Às vezes eles me dão uma coleira com um sino e uma gravata. E eles sorriem orgulhosamente. Eu vou consentir com isso, embora o peru seja melhor. Eu ficarei enfeitado para eles, até que eu me canse disso. Então eu coçarei o meu pescoço. Quando eles conversam calma e educadamente um com o outro, isso é presente para mim. Eu noto os sons da voz. Eles alugam um vídeo sobre gatos, leem um livro sobre gato, olham para mim e sorriem. Esse é o presente deles. O melhor presente é sentar bem perto deles quando estamos sozinhos, ouvindo música, lendo, ficando perto. Com os olhos fechados eu os sinto olhando para mim com amor. Estar junto é um presente.

Querido Deus,

Eu gosto de presentes, um brinco, um suéter, um livro, uma pintura num quadro, um doce. Uma noite fora é um presente, ou um novo brinquedo, um bracelete dourado, chinelos. Um brilhante nascer do sol, uma brisa suave, a ligação de um amigo, estar perto de você – essas coisas me trazem alegria. O melhor presente é a doação, o jeito com que você me dá seu espírito generoso, seu amor. Minha alma gosta dessa doação mais que de um embrulho colorido, que uma safira, que ouro. O que você dá é feito em casa. Você faz o que eu preciso. Você quer isso para mim, você embrulha e entrega para mim. Dar é seu grande presente. Observe: veja como eu quero, pego, abro, uso e guardo seus presentes. Querido Deus, mostre meu mundo embrulhado para presente.

Não gosto de mudanças

Eu noto mudanças. Quando eles mudam os móveis, eu noto. Se deixam um saco vazio no chão, eu olho dentro. Quando tem um sanduíche no balcão, eu salto, olho, cheiro, investigo. Quando a companhia chega eu a examino. Eu percebo se estiveram com outro gato, antes mesmo que eles contem. Se eles mudam o lugar da minha cesta de dormir leva mais tempo para me acostumar. Posso dizer quando eles estão arrumando as malas para sair. Então eu ouço o carro na entrada da garagem. Quando mudam minha marca de comida eu percebo imediatamente. Se eles querem me dar um comprimido, eu noto pela maneira que eles andam, o modo que olham para mim. Eu sei que é hora de me esconder. Eu noto quando algo está diferente. Isso me desacelera, muda meus planos. Fico atento a grandes mudanças.

> **Deus,**
>
> Minha alma sabe quando as estações mudam, quando os pássaros migram, quando o céu fica escuro ou cheio de neve. Minha alma sabe quando alguém perto de mim está ferido ou orgulhoso. Eu percebo quando um amigo não se importa mais comigo. Eu posso sentir quando algo não é dito ou dito sem querer. Eu sei quando algo muda mesmo quando eu não posso ver. Minha alma sabe quando minha vida está mudando. Você sabe que eu sei. Eu aprendi a viver com mudanças, mas elas me desaceleram, me fazem olhar duas vezes. Eu vejo algo novo e fico alerta. Minha alma brinca de esconde-esconde em algum saco de papel secreto. Deus, o Senhor fez minha alma conhecer a diferença entre o que era e o que é.

Deixe-me sozinho

Eu necessito de um tempo sozinho. Eu preciso estar totalmente sozinho, quando e onde é minha escolha. Eu não planejo ficar sozinho com antecedência; mas quando chegar o momento, será tão longo quanto eu desejar. Eu vou decidir. Então, você deverá me deixar sozinho. Você quer me segurar, me acariciar, me ver brincar com cordas ou uma bola de papel. Agora não. Eu não me afasto porque não te amo. Esta é minha pequena pausa. Talvez eu tire um cochilo, fique encolhido em algum lugar até esse momento passar. Ficar sozinho é necessário; é quando eu coloco meus pensamentos de gato em ordem. O mundo para quando eu paro. Nada acontecerá sem que eu faça acontecer. Você terá que esperar por mim. Esse é meu intervalo.

Deus,

Minha alma necessita de solidão, de ficar a sós com você, de calmaria para meditar, encostar, refletir com o coração. Eu programo meu tempo sozinho – logo cedo tenho meu momento e tarde da noite outro. Eu me dirijo a um lugar secreto de tempo em tempo. Eu preciso criar solidão na minha vida. Você conhece meu espírito e minhas necessidades: eu posso estar de mau humor, triste, cansado, frustrado ou entusiasmado. Eu preciso estar comigo mesmo, longe dos outros. Solidão é um momento para recuperar forças, permitindo que o mundo gire, descansando, sem controle, aceitando o que é dado. Deus, sua quietude está sempre aqui, sua presença sempre perto. Solidão é meu exercício para a paz, a fé, a purificação, para ser eu mesmo. Deus, há tanto para o mundo inteiro ouvir em sua quietude.

Não ria de mim

Eu posso ficar magoado. Pode acontecer quando eu topar com uma janela por acidente. Eu fico envergonhado. Eu ajo como se isso não tivesse acontecido. Se escorrego num piso encerrado, ou perco meu equilíbrio e erro um salto, espero que ninguém esteja olhando. Se derramo minha tigela de leite, finjo que não fiz isso, ou que foi de propósito. Eu lambo o leite como se fosse para ficar mais fácil. Não quero suas palavras ríspidas, eu não gosto de culpa ou vergonha. Às vezes eu preciso rasgar algo – sair correndo pela casa, escalar a parede, saltar na mesa. E pronto, volto a ser elegante. Isso sempre os surpreende, eles apontam o dedo e riem.

Eu não gosto disso. Então, fico emburrado e de mal humor. Eu vou embora. Não se deve zombar dos gatos. Os gatos têm dignidade.

Querido Deus,

Eu fico sem jeito fácil. Eu não gosto que riam de mim. Às vezes esbarro em algo que está na minha cara, ou esqueço um nome que sei de cor, ou tropeço quando as visitas estão olhando. Minha alma gosta de estar correta, ser admirada, respeitada. Eu gosto de dar meu melhor. É duro me perdoar quando sou desastrado, parecendo um tonto ou errado. Eu sou rápido para culpar os outros e eu mesmo e para me sentir envergonhado. Você sabe disso, você sabe como eu sou. Eu posso revidar, correr, esconder, e ficar de mau humor. Eu posso agir como se não fizesse nada errado, ou que não é minha culpa. Deus, o Senhor conhece como eu sou. Ensina-me a rir de mim. Ensina-me a me amar.

Esperarei pelo que eu quero

Eu posso esperar. Eles me fazem esperar pelas coisas. Eu devo esperar que eles decidam. Eles decidem o que preciso, o que quero, o que terei. Às vezes espero sem olhar. Às vezes espero olhando fixamente, atentamente para eles. Eu fico na expectativa de algo bom – um lanche saboroso, um jantar, um brinquedo, um afago, coçar meu pescoço, uma porta aberta. Eles me surpreendem. Eu recebo o que eu não sabia que estava na geladeira, no balcão, no armário. Eu aguardo com esperança. Eu espero como um gato deve esperar, esperar e esperar. Esperar é mais que implorar. Quando eu espero, tenho expectativa, fico ansioso, conto com eles. Eu fico parado e espero pela recompensa. Ou eu os toco, grito, arranho. Eu me certifico que saibam que estou ali, esperando. Eles notam minha espera e ficam impressionados.

Deus,

Eu espero pelo Senhor. Ajude-me a esperar acreditando. Eu espero aquilo que nunca posso alcançar, fazer nem merecer. Espero até aquilo que não sei se existe. Esperar abre o amanhã, ou o agora, ou o para sempre. Esperar traz um horizonte diante da minha alma. A espera se desenvolve em mim, se desdobra, se abre, tem expectativa, recebe. Eu espero como um botão de flor aguarda pela raiz para se abrir. Eu espero por aquilo que era e aquilo que será. Espero para ter certeza daquilo que é. Esperar é a alegria de não ter ainda, de ainda não ver e aprender a acreditar. Minha alma aguarda, aprendendo a ter certeza do Senhor. Deus, minha alma aguarda aquilo que o Senhor prometeu e já está aqui.

A curiosidade não me matará

Eu sou cheio de curiosidades.

Eu quero saber de tudo que eles fazem. Eu presto atenção no que estão fazendo, em que isso vai dar e se posso ajudar. Eu quero saber o que estão lendo e como se sentem debaixo de minhas patas. Eu me pergunto de quem é a ligação ao telefone deles e se posso juntar meus sons aos deles. Minha curiosidade é mais forte quando eu os vejo abrindo uma caixa. Eu me aproximo. Se fico perto eles vão perceber e me mostram. Se eles saem do quarto eu vou inspecionar sozinho. Eu quero estar perto da caixa, em cima da caixa e dentro da caixa. Há tanta coisa para ver, para descobrir. Eu quero saber o que vem depois, quem está ali, o que está ali. Eles me ajudam a ser curioso. A curiosidade me mantém vivo e me faz ser um gato.

Deus,

Eu sou curioso. Eu procuro e bato, eu espero e observo. Eu quero saber o que você está fazendo com o meu mundo, com a minha vida – o que isso vai se tornar, se posso ajudar. Eu verifico o que está longe, o que está perto, o que está feito, o que virá. Eu tenho tantas perguntas, há tantas coisas que não entendo. Eu tenho que saber. Descobertas deixam minha alma próxima de como vejo o Senhor, como o escuto, como acredito no Senhor. Minha alma suplica para compreender. Minha alma procura na escuridão, ouve no silêncio e fica curiosa na vigília da manhã. Deus, o Senhor fez tanta coisa para se ver, para se descobrir, para se cuidar, para ter esperança. A curiosidade não me matará; ela me manterá vivo.

Seu amor é bem-vindo

Abraça-me. Beija-me. Aconchegue-me. Eu sou um gato. Fale baixinho comigo, com sussurros. Toque-me com a ponta dos dedos e olhe para o meu rosto. Diga meu nome. Repita palavras tranquilizadoras de novo e de novo. Pergunte-me o que quiser. Diga que sou especial, bonito, elegante. Diga com uma voz carinhosa, amorosa, com apreciação. Adore-me. Fique feliz por mim. Diga o quanto eu significo para você, o que fará por mim. Distorça a verdade; exagere no seu amor. Mostre-me seu coração. Diga-me quem sou quando sou bom. Diga-me que sou muito bom. Diga-me que sou seu melhor amigo. Adore-me. Eu sou um gato.

Querido Deus,

Eu necessito muito de amor. Minha alma quer ser abraçada, tranquilizada, admirada, querida. Minha alma crescerá forte se for abraçada forte, ficará calma se for beijada, ela se tornará alegre se for perdoada. Eu necessito do seu amor. Acaricie minha alma com seu coração, sua voz, sua promessa, sua graça. Que eu possa saber que o Senhor é meu melhor amigo, amigo da minha alma. Querido Deus, o Senhor sabe como minha alma foi criada no amor e como ela precisa amar para viver – agora e além desta vida. Seu amor está aqui sem pedir. Minha alma vem de vós, e ela respira seu amor como o ar, sente seu amor como um toque, ouve seu amor com um sussurro. Quando seu amor é a vida da minha alma, ela fica bem.

O mundo está repleto de cheiros

Eu conheço pelo meu nariz. Eles passam correndo com restos de um peru; eu já sabia que eles viriam há dois quartos de distância. Estou desperto, de pé, seguindo cada passo. Meu nariz me diz que é algo que eu gosto. Eu não sigo laranjas ou cenouras, a menos que eu ache que possa ter frango ou presunto na mesma tigela. Eu percebo peixe através das paredes; seu cheiro pode me despertar de um sono profundo. Eu farejo o ar e sigo o cheiro. Vou até o peixe e espero que eles dividam. Um pouquinho já basta, embora eu sempre peça mais. Não é o quanto me dão, porque mesmo um pedacinho deixa seu cheiro em mim. Então, eu tenho peixe onde quer que eu vá. Meu mundo é uma festa de cheiros. Eu lavo meu rosto e minhas patas. Estou satisfeito.

Querido Deus,

Minha alma conhece o aroma das estações do ano. O florir da primavera é como um doce perfume, as folhas do outono duram pouco e logo caem. O frio cortante do outono tem o aroma do fogo da madeira. Cada aroma desperta uma época dentro de mim e me inunda de lembranças. Os aromas de casa estão dentro de mim. Um odor, um sabor, um cheirinho, e de repente minha alma traz de volta refeições, flores e pessoas – imagens de muito tempo atrás. Minha alma está cheia de aromas de lugares e de épocas do ano. Querido Deus, sua brisa de abril me aquieta com a fragrância de um novo florescer. O cheiro da chama de uma vela pode fazer minha alma se expandir, despertar admirada e cantar. Minha alma suplica por um pouquinho de tudo o que cheira doce. O Senhor encheu a terra de perfume; é minha casa.

Deixe-me entrar, deixe-me sair

Eu posso mudar de ideia. Eles me deixam sair, eu preciso entrar. Eu não vi o cachorro lá fora. Não sabia que estava chovendo. Eu sinto cheiro de comida lá dentro. Agora quero ir lá fora. Eu preciso ver se o cachorro já foi, se a chuva parou. Eles não me dão nenhuma comida. Está chato aqui dentro. Dentro e fora, fora e dentro o dia todo. Isso é suficiente para deixar um gato ocupado. Eles não me deixariam entrar e sair daqui se não quisessem. Quando eu entro, espero lembrar o que quero; caso contrário peço para voltar lá fora. Eu sempre preciso pedir. Não posso abrir a porta sozinho.

Deus,

Minha alma quer sair. Minha alma deve sair para algum lugar novo. Eu preciso de espaço, ar, aventura. Quando estou do lado de fora minha alma quer voltar para dentro. Ela anseia pelo descanso, pelo calor, pela segurança de um lar. Deus, permita-me ouvir uma voz conhecida, um aroma, uma palavra de acolhida. De novo minha alma quer sair, mais uma vez para fora, para ir embora, para procurar o que é novo e empolgante. Deixe-me ir, Senhor. Minha alma necessita de férias, de um tempo livre, de um intervalo. Deus, agora que fiquei fora o bastante, mais tempo do que eu queria, deixe-me voltar. Preciso de alguém conhecido. Eu quero entrar, eu quero sair. Dentro e fora. Tenha paciência comigo. Esteja comigo – dentro e fora.

Eu acordo em um instante

Eu desperto rápido. Mesmo quando durmo profundamente, um olho dentro de mim está alerta, espiando. Num instante desperto de um sono profundo e estou pronto. Eu posso ser um gato da noite acordado ou um gato da manhã acordado. Uma vez acordado estou pronto para o que devo fazer naquele momento. Posso ser despertado por uma porta que abre, um cheiro de comida, um motor, passos, ou qualquer som estranho. Mesmo enquanto durmo, estou atento, de prontidão, de plantão. Não quero desperdiçar nenhum som que possa me afetar. Se não é nada importante, dou uma olhadinha e volto a dormir. Se o som é importante, vira um toque de corneta: eu fico de pé pronto para fazer meu dever, pronto para ser um gato. Às vezes eu pisco, eu me espreguiço, eu bocejo. Desperto devagarinho, cuidadosamente. Mas quando necessário posso despertar num piscar de olhos. Eu sei quando.

Deus,

Minha alma está sempre alerta. Mesmo quando parece estar em sono profundo, ela pode ser despertada num instante. Enquanto durmo minha alma está em descanso, mas preparada, em paz, mas alerta. Eu posso ser despertado por um susto ou um prazer repentino. Um desejo me desperta para testá-lo ou um sonho me desperta para vivê-lo. Eu posso ser despertado num instante, pronto para lutar, pronto para levantar e cumprir a promessa. Minha alma é rápida para reagir, mais rápida do que uma palavra falada e mais rápida que um sentimento. Quando seu despertador toca dentro de mim, minha alma está completamente desperta. Deus, o Senhor criou minha alma para despertar com rapidez e para aproveitar a vida.

Sou feroz, sou medroso

Sou medroso. De repente meus olhos se arregalam, o pelo em minhas costas e em meu rabo se eriça. Minhas orelhas vão para trás da minha cabeça. Eu tenho medo, mas pareço feroz. Eu sou um guerreiro mesmo com medo. Estarei preparado para me defender, para defender meus direitos. Mesmo se escolho não lutar, mesmo se escolho correr, eu primeiro me farei de feroz – como um tigre ou um leopardo. Emito sons, cuspo e ronrono. Eu rugirei como um leão. Olhe para mim: estou ficando maior, mais perigoso. Eu arqueio minhas costas, meu rabo balança como uma arma. Estou pronto para a batalha – ou para correr. Sou um gato assustado. Sou um gato perigoso. Quando o medo passar, serei o gato deles novamente.

Deus,

Minha alma conhece o medo. Minha alma muda de tamanho e forma quando estou com medo. Ela se torna uma força, uma espada, uma lança, uma arma. Minha alma é meu escudo e proteção. Ela se prepara para agarrar o inimigo – ou para fugir, se for possível. Meu medo se mistura à ferocidade nos meus olhos, na minha postura, minha face, minhas palavras. Levanto a voz, emito sons agressivos, finjo ser mais forte do que sou. Se não puder lutar e ser forte, eu corro. Devo decidir quando é prudente lutar ou fugir. A coragem e a sabedoria da minha alma vêm do Senhor. Eu aprendo com o meu medo. O Senhor me livra do mal, da adversidade e do inimigo. O Senhor me orienta a lutar ou a fugir.

Deixe-me dormir, deixe-me dormir

Sou um gato; eu durmo. Eu tenho um sono demorado, curto, profundo, leve. Conheço todos os jeitos de dormir. E durmo regularmente. Respiro devagar, silenciosamente; minha barriga se distende e contrai com a minha respiração. Eles velam meu sono quando estão acordados. E sabem que eu durmo bastante e durmo bem. Quando está na hora, arrasto meu corpo num círculo, coloco minha cabeça sobre minhas patas, fecho um olho, dois olhos e adormeço. Meu corpo fica mole. Não me mexo. Eles se perguntam como posso dormir tão rápido, tão profundo, com tanta frequência. Eu desperto, lambo minhas patas, lábios, ouvidos; então me viro e volto a dormir. Sonho que estou perseguindo pássaros, pulando, escalando, caçando. Meus bigodes se contraem, meu corpo se contrai com meus sonhos. Eles sorriem enquanto me observam dormindo, sonhando. Eles querem meu mundo de sono. Meu coração está quieto. Estou aquecido. Sou amado. Não há nenhum inimigo. Sou um gato e durmo bem.

Querido Deus,

Eu anseio por dormir. Meu corpo descansa, desperta, se entedia, se joga, cochila, dorme. A noite às vezes é longa, às vezes sem sono. Minha alma ora por um descanso. O dia acaba, concluo as tarefas; fecho as cortinas e deixo de lado meus planos e preocupações. Eu penso no Senhor. Eu lhe dou meu dia, meu trabalho, meus pensamentos, minhas preocupações. Minha alma se espreguiça, boceja. Eu deixo de subir montanhas, confio nos profundos vales, eu perdoo o inimigo. Eu amo. Eu durmo. Minha alma descansa durante a noite. O Senhor me deu o dom de adormecer. Meu descanso está na sua paz.

Eu escolho meu próprio espaço

Eu decido onde quero ficar. Eles me dão uma caixa com uma toalha, eu escolho uma cadeira. Eles me dão a cadeira, eu escolho um tapete. Eu decido onde vai ser meu lugar. Eu também gosto da cadeira da ponta da mesa. Seu assento de veludo é meu lugar. Eles não podem sentar nela quando estou lá. Tiraram meu cesto e a coberta xadrez do lugar. Eu o quero de volta. Eu piso dentro e fora do cestinho centenas de vezes por dia. Ele tem que voltar para perto da janela, para que eu veja lá fora. Eu encontro um outro lugar – um lugar ensolarado no tapete da sala de estar.

Eu me movimento pelo tapete conforme o sol. O sol esquenta meu lugar no tapete. Às vezes vou querer a poltrona também. Eles não escolhem por mim. Sou um gato; eu escolho meu próprio espaço.

Querido Deus,

Minha alma escolhe onde quer estar, onde precisa estar, onde se sente em casa. Minha coberta, meu cestinho, meu lugar ao sol, minha almofada de veludo, minha poltrona aconchegante. Tenho meus lugares, feitos para cada tipo de temperamento, pensamento, sonho, necessidade. São casas para a minha alma, lugares onde sempre sou bem-vindo. Eu vou para as casas da minha alma para me deitar, receber amor e força, ser renovado. Minha alma sabe onde ir quando preciso refletir, sentir alegria, procurar perdão, perdoar. Querido Deus, o Senhor fez muitas moradas para mim e nesses lugares o Senhor enche minha alma de amor e calor. O Senhor criou a vida para que eu possa escolher moradas para minha alma.

Obrigado e por favor

Eu sou grato. Observe como agradeço. Eu me esfrego entre suas pernas, ronrono, olho para o seu rosto e agradeço. Eles sabem quando faço isso. Meu "obrigado" é sempre seguido de "por favor". Posso fazê-los parecer iguais. Se não querem me dar mais comida, me faço de satisfeito, lambo minhas patas, limpo meu rosto e finjo que foi um banquete. Mas faço isso para a próxima refeição, para estar pronto caso haja mais. Minha gratidão talvez seja reconhecida. Vou agradecer mesmo se não tiver mais nada. Um gato pode sentir gratidão. Eles sempre foram tão bons comigo;

eles continuarão sendo assim. Eu sou o gato deles, eles são meus. Eu sou grato e espero mais.

> **Deus,**
>
> Minha alma é grata. Não tenho palavras para agradecer por tudo o que eu tenho. Queria poder agradecer mais e pedir menos. Eu agradeço imediatamente, depois, ou talvez nunca. Mas sou grato. Quando agradeço, faço parte. Agradecendo lembro que o Senhor se preocupa comigo, que me ama. E percebo que tenho mais que o suficiente. Quando agradeço, também digo "por favor". Obrigado por isso, por favor continue assim. Deus, o Senhor me deu uma mesa farta, ela nunca fica vazia. Minha alma agradece, pois há sempre mais, mais porções para se repetir. Senhor, há lugar para outros na mesa. Quando agradeço, eu passo adiante, eu compartilho.

O silêncio me rodeia

Eu caminho sem fazer barulho. Minhas patas se movem como neblina, eu prendo minha respiração a cada passo. Quando eu caminho, faz silêncio ao meu redor. Os ruídos que me cercam são silenciados quando me aproximo. Não consigo ouvir meus movimentos. O silêncio está dentro de mim. Estou em paz. Meus passos são cuidadosos; folhas secas viram algodão debaixo de minhas patas. O lugar em que estou silencia. Eles não podem me ouvir. Eles não sabem se estou perto. O silêncio é minha força, meu poder. Não tenho pressa. Meus pés deslizam e saltam com graça, com propósito. Eu não sinto meu movimento. Meu poder vem de dentro. Conheço o silêncio. Sou um gato, caminho sem fazer barulho. Não há nenhum som.

Deus,

Minha alma está quieta. Eu respiro sem parecer que o faço. Tudo ao meu redor está em silêncio. O Senhor enche meu silêncio de paz e de amor. Minha alma se aquieta sem esforço. Por dentro estou totalmente acordado, alerta. Minha alma flutua nas nuvens. Eu caminho no meio do ar, pés e cabeça no céu e na terra. Eu flutuo, voo até o Senhor. Tudo parece desvanecer quando me aproximo, nada pode entrar no meu silêncio. Nada, a não ser sua calma presença. Eu caminho em silêncio, ouvindo somente sua voz, sua paz. Estou envolto em silêncio. Estou descansando. Deus, minha alma está envolta com sua paz. Minha alma está quieta.

Esta obra foi composta em CTcP
Capa: Supremo 250g – Miolo: Couchê Brilho 115g
Impressão e acabamento
Gráfica e Editora Santuário